GIOACCHINO TADDEI

E

LE SUE OPERE

CENNI BIOGRAFICI LETTI NELLA SOLENNE ADUNANZA DELL' ACCADEMIA
DEGLI EUTELETI DI SANMINIATO, TENUTA LA SERA DEL 17 LUGLIO 1860,
PER CELEBRARE SOLENNI PARENTALI ALL' ILLUSTRE PRESIDENTE

DAL SEGRETARIO

DOTT. MISAEL PIERAGNOLI

FIRENZE
TIPOGRAFIA DI FEDERIGO BENCINI
—
1860

In the interest of creating a more extensive selection of rare historical book reprints, we have chosen to reproduce this title even though it may possibly have occasional imperfections such as missing and blurred pages, missing text, poor pictures, markings, dark backgrounds and other reproduction issues beyond our control. Because this work is culturally important, we have made it available as a part of our commitment to protecting, preserving and promoting the world's literature. Thank you for your understanding.

HARVARD COLLEGE LIBRARY
H. NELSON GAY
RISORGIMENTO COLLECTION
COOLIDGE FUND
1931

Estratto dallo SPERIMENTALE
Anno XII, Serie IV, Tom. VI, Fasc. 7°, 8° e 9°.

A. S. E.
IL MARCHESE COSIMO RIDOLFI
VICE-PRESIDENTE DEL SENATO

COMPAGNO DI STUDJ ED AMICO

DI GIOACCHINO TADDEI

CHE NELLA PROSPERA E NELL'AVVERSA FORTUNA

AMÒ CONSOLÒ SOSTENNE

CHE IN TEMPI MIGLIORI

ALLE SOFFERTE INGIURIE RIPARÒ

QUESTE POVERE PAGINE

INCAPACI A RIVELARE LA SAPIENZA

DELL'ILLUSTRE DEFUNTO

CON RISPETTOSO OSSEQUIO

L'AUTORE

OFFRE DEDICA CONSACRA

GIOACCHINO TADDEI E LE SUE OPERE.

CENNI BIOGRAFICI LETTI NELLA SOLENNE ADUNANZA DELL'ACCADEMIA DEGLI EUTELETI DI SANMINIATO, TENUTA LA SERA DEL 17 LUGLIO 1860, PER CELEBRARE SOLENNI PARENTALI ALL'ILLUSTRE PRESIDENTE; DAL SEGRETARIO DOTT. MISAEL PIERAGNOLI.

> « Canone di Giustizia presso le nazioni civilizzate si è, che
> « come le turpi e inique azioni degli uomini sono dalla sto-
> « ria tramandate all'indignazione dei posteri, così gli atti
> « virtuosi e le opere ammirande dello ingegno o della mano,
> « con che si distinsero i trapassati, siano dai viventi con
> « sinceri encomj di lode retribuite. »
> TADDEI. — *Elogio storico di* GIOVAN-GIACOMO BERZELIUS.

Il nome di Gioacchino Taddei non abbisogna d'elogio; perocchè l'elogio più bello dell'uomo di scienza sono le opere da esso vergate; in special modo se tali sieno, che insieme alla nobiltà dell'ingegno, quella pure tralucer vi possa dell'animo. Perciò da profondo rispetto compreso ben astenuto mi sarei dal parlarvi, Accademici onorandi, dell'illustre Presidente di questo nostro Sodalizio, con tanta jattura della scienza testè rapito all'Italia, se debito d'ufficio a ciò non mi avesse astretto. Certo a cotanto sapiente meno indegno laudatore addicevasi, e da me rifiutarsi dovea sì difficile incarico. Ma ciò non volli — poichè a non rifiutare mi astringesse imperiosa la mia ammirazione verso di lui, l'affetto di alunno a Maestro, di concittadino a chi amò tanto la patria; e mi confortasse pure il pensiero che sulla tomba dell'uomo celebre non vi ha mano o cuore che non abbia dritto ad offrire fiori ed omaggi. — Restringerò pertanto le mie parole alla parte scientifica della vita del Taddei; avvegnachè altri parlato vi abbiano dei tanti pregi di che ornato andava l'animo suo (1) — più particolarmente volgeremo il pensiero alle opere da esso lasciate, e con la sola considerazione di quelle mi sarà dato mostrarvi, o Signori, che l'amore del sapere, ed il desiderio incessante di giovare all'umanità furono le stelle che guidarono i suoi passi nel difficile cammino della scienza; e dalle mie povere parole rileverete pur di leggieri come l'uomo, che noi lamentiamo estinto, appartenesse a quella eletta schiera di nobilissimi ingegni, che da Dante a Niccolini, da Galileo a Bufalini, col tener viva la face delle scienze e delle arti in Italia, col mantenere il culto del bello e del vero, gettarono le incrollabili fondamenta della nostra unità, della indipendenza nostra. —

Nobilitare la prosapia degli estinti fu vezzo di molti scrittori — io tengo opinione essere impresa ben più difficile creare la propria nobiltà che ereditarla; poichè spesso avvenne che da antenati illustri fossero procreate anime abiette.

Pellegrino Taddei e Verdiana Barnini poveri ed onorati abitanti nel popolo de' SS. Jacopo e Lucia in Sanminiato furono i genitori di Gioacchino Taddei, che nel giorno 30 marzo 1792 al fonte istesso, ove ebbe lavacro il capo di Michele Mercati, riceveva le acque battesimali.

Fino dai primi suoi anni mostrò singolare amore allo studio; e nelle Municipali scuole, che i Sanminiatesi debbono solo alla carità dello Spagliagrani (2), incominciò il tirocinio dei suoi studj, che continuò nel Seminario Vescovile di questa città, perchè costretto dal padre a vestire l'abito Ecclesiastico, ed ove apprese le lingue di Atene e del Lazio, la Filosofia, le Matematiche.

Per quanto dotato di vivissimo naturale, pure già da questi primi anni appariscono in esso gli elementi di quel freddo spirito di osservazione, che ebbe poi cotanto sviluppo, e guidò securi i suoi passi

---

(1) L'Illustriss. e Rev.mo Sig. Cav. Proposto Giuseppe Conti ne recitava la orazione funebre; e l'Illustriss. Sig. Avv. Gaetano Pini apriva l'Accademia con altro elogio dell'estinto Presidente.

(2) Spagliagrani lasciò al comune i fondi perchè i giovani Sanminiatesi avessero gratuita l'istruzione; i suoi lasciti suppliscono quasi al mantenimento dell'attuale Ginnasio; ben poco adunque costerebbe ampliarne lo insegnamento.

nello studio delle scienze naturali. Vedete talvolta il vivace giovinetto correr solitario la campagna — ammira le svariate forme di piante che la rivestono — ferma lo sguardo sovra un fiore, desioso quasi di rapire il mistero della sua forma — un cielo stellato, il rotear degli astri, un raggio di sole che percuotendo le tremule foglie di rugiadose pianticelle, i colori v'imprima dell'iride, una nube procellosa solcata dai guizzi del fulmine, lo ingombrano di meraviglia e stupore; e seco stesso prende dispetto, perchè la sua mente puerile non giunge a comprenderne le recondite cagioni. — Maravigliosa influenza questa che i temperamenti dispiegano sulle morali propensioni; perocchè il Taddei sortito avesse da natura temperamento nervoso-albuminoso, e negli individui così costituiti la esperienza ne abbia insegnato, siccome ricordava il mio venerato Maestro Maurizio Bufalini, che la forza del molto sentire ajuta a meglio comprendere le minute differenze delle cose, e delle attinenze di esse; nel tempo stesso che il facile sentire rende pronta ed efficace l'associazione delle idee; quindi in cotali individui, che dolcemente malinconici, sentonsi inclinati a fratellevole benevolenza, lucido, penetrativo, esatto il giudizio; lo intelletto grandemente disposto alle scienze speculative, ed alle positive dimostrazioni dell'esperienza.

Guidato da queste naturali disposizioni dell'animo suo non si sentì disposto ad abbracciare il sacro ufficio dell'ecclesiastico; il che gli valse la indignazione del padre, che già vagheggiava l'idea di finire i suoi giorni all'ombra di un solitario campanile. Ma l'avolo suo gli porse amica la mano, e consenziente finalmente il padre, ottenuti i soccorsi che il pio Ruffelli legava ai poveri scolari Sanminiatesi, correva a Pisa nel Novembre del 1811 per attendere allo studio della più nobile e più difficile parte dell'umano sapere. Facile nell'apprendere, di squisito criterio, e di ferrea volontà dotato, fè sue le scienze cui applicò; ed i frutti di larga dottrina degnamente compensarono le sue lunghe fatiche. Soli i ginnastici esercizj erano la sua ricreazione, e con questi sperava correggere i difetti del suo temperamento, ed acquistare maggior vigoria di salute (1). Ma fra

(1) Ciò rilevasi da un piccolo appunto scritto di proprio pugno dell'estinto e trovato fra le sue carte.

le naturali discipline quella, che più l'animo suo attraeva era la Chimica: a questa ogni più assidua cura, ogni più diligente studio consacrava. Rapidi furono i suoi progressi e ne maravigliarono gli stessi Professori dell' Ateneo Pisano; argomentando già quanto fosse per divenire valente il giovane alunno.

Di questi suoi progressi diè ben tosto luminoso saggio, quando nell'anno 1815 ottenuta la laurea dottorale si portò per brevi giorni in patria, ove visitò e studiò un'antica pozza detta di S. Gonda, posta alle falde delle nostre colline, le cui acque nei decorsi tempi godevano rinomanza di efficaci nelle reumatiche affezioni: quivi egli discoprì il fatto notabile, che il cratere di quella sorgente era formato da un banco di terra porosa e leggiera, costituita per la massima parte di calce caustica. Di questo fatto fu data comunicazione alla Accademia dei Georgofoli, e divulgato per mezzo di un giornale di Scienze e Arti, che allora pubblicavasi in Firenze: ed un grosso frammento del banco del cratere fu recato da un viaggiatore a Londra, ove analizzato dal Faraday, ne costatò la natura e reazione alcalina (1). — Questa prima osservazione del nostro Taddei gli valse bella rinomanza nella lontana Inghilterra, e l'amicizia del Marchese Cosimo Ridolfi, che in tutto quel tempo nel quale il Taddei si trattenne in Firenze per avanzarsi nel pratico esercizio della Medicina, lo eleggeva a compagno delle sue esercitazioni.

Ottenuta nell'anno 1817 la facoltà del medico esercizio, venne ricercato per un posto di Medico astante nell'Arcispedale di S. Maria Nuova. Molti erano al certo i vantaggi, che ad esso, accettando, presentavansi — e se non altro, era tutto per lui la continuazione dei suoi studj nell'Arcispedale, ed il mezzo di perfezionarsi sempre più nella sua prediletta scienza, che quasi del tutto avrebbe dovuto abbandonare portandosi in patria ad esercitarvi la Medicina. Ma la Patria, alla quale egli diceva dover tutta la sua educazione, richiese l'opera sua, e quel buon cuore non potè esitare.

Era allora mancato ai viventi l'egregio Dott. Giuseppe Bottoni medico condotto in Sanminiato, di cui non saprei dire se maggiore fosse la perizia medica, o la estesa erudizione letteraria — questo

(1) Vedi in fine l'elenco dell'opere al N° 1.

solo io so, che se egli fu illustre medico, fu ancora il Padre dei poveri, ai quali consacrava la maggior parte dei suoi guadagni Pure se da ogni lato io volga lo sguardo non trovo una lapida, che lo ricordi ai posteri; e già perduta ne sarebbe la memoria se il nome del Bottoni non andasse per sempre unito a quello dell' Inglese Joungh, e passato non fosse per tradizione di padre in figlio siccome ricordanza di un bene che fu. Mancato adunque il Bottoni, e già invase le nostre contrade dall' epidemia petecchiale, non fu tardo il nostro Taddei a correre in soccorso dei suoi afflitti concittadini, seco recando al letto degli infermi un animo capace di comprenderne i dolori, ed un tesoro di mediche cognizioni.

Il sano criterio, di che andava fornita la mente del Taddei, preservato lo avea dal contagio delle idee, che governavano le mediche scuole di quel tempo. Le facili e lusinghiere teoriche del Medico Scozzese, che furono i cardini della scuola di Rasori; i clamori della Nuova Dottrina Medica Italiana capitanata dall'illustre Tommasini non giunsero mai a persuadere il nostro giovane medico, che seppe tenersi ognora fermo ai saggi insegnamenti dei Borsieri, dei Sydhenam, e di altri sommi, siccome quelli che erano frutto di severa osservazione, scevra d'idee preconcette, e di astrazioni filosofiche, con le quali non è possibile una salutare pratica medica. Condotto dal proprio criterio, e dall'insegnamento di quei grandi, studiò il genio della costituzione morbosa allora dominante, ed ebbe il contento di strappare alle fauci della morte moltissimi, che la feroce petecchia trascinati avea sull'orlo del sepolcro.

Quello che sorprende si è come egli in mezzo alle continue fatiche di una vasta condotta, la cui popolazione era travagliata da tristissimo morbo, sapesse trovar tempo per attendere ai suoi studj di Chimica, supplendo con ingegnosi artifizj alla mancanza di quei mezzi, che solo si hanno in ben fornito laboratorio. Fu in quest'epoca che egli imprese a studiare i fenomeni della panificazione; e questi che inosservati passarono per tanti secoli sotto gli occhi degli uomini, furono pel giovane esperimentatore larga sorgente di belle scoperte, e di utili applicazioni.

L'italiano Beccari scoperto aveva nella farina di frumento il glutine, che ritenne siccome l'agente principale della fermentazione, e lo disse sostanza semplice — ma il Taddei lo esperimentò corpo composto di due sostanze azotate, che chiamò zimoma la prima facilmente fermentescibile, glojodina l'altra appiccaticcia e vischiosa; di che faceva subietto di due memorie che l'Accademia dei Georgofili inseriva nei suoi atti (1). Questi studj, siccome da altra memoria rilevasi (2) servirono poi all'agronomo François di Chalons sulla Marna per ispiegare la malattia dei vini, che diconsi filanti; perocchè se avvenga che per particolari circostanze non compiasi la fermentazione del mosto, si conserva in quello qualche parte di glutine, che poi viene a scomporsi nei due indicati elementi; dei quali il primo rimane insolubile, mentre la glojodina si unisce all'acido tartrico, ed eccita processi di fermentazione; e di fatto l'analisi rinviene glojodina in questa maniera di vini, nei quali può rimanere innocua se unita a sostanze, che contengano tannino. Progredendo troveremo ancora più utili applicazioni di queste sue prime chimiche analisi.

Al cessare della ferale petecchia, che tanti infelici travolse innanzi sera all'occaso, il Taddei aveva ben meritato della patria, esponendosi per i suoi concittadini ad incessanti fatiche, a continui perigli. — Ma la patria rispose degnamente all'amore, ed al merito di questo, che esser doveva suo prediletto figlio? — Cuopriamo di un velo tale questione, lamentando solo il destino dei poveri medici, le fatiche dei quali spese in prò dell'umanità languente furono mai sempre disconosciute. A Lui fu dal Municipio Sanminiatese affidata la condotta di campagna. Accettò; ma poco appresso annuendo alle iterate istanze dell'illustre Cosimo Ridolfi, che lo invitava a porre stanza in Firenze, offrendogli con nobile munificenza il proprio laboratorio ed il proprio palazzo, e seguendo le ispirazioni del genio, che potentemente vel traeva, sul cominciare dell'anno 1819 portossi in Firenze presso il dotto suo compagno di studj, al quale per tutta quanta la vita serbò inviolabile riconoscenza, non lasciando occasione di renderne pubblica testimonianza, e tutto si abbandonò alla Chi-

(1) Vedi come sopra al N° IV-V.
(2) Vedi come sopra al N° XXII.

mica, esercitando pur la Medicina, per poter col guadagno che quella procuravagli, supplire a quanto gli era indispensabile.

Giovi ora dir poche parole sullo stato della Chimica in quel tempo.

Non erano molti anni da che questa scienza delle leggi, che riguardano l'intima costituzione dei corpi nei loro primi componenti, erasi svincolata dalle stravaganze degli Alchimisti, e dalla teoria del flogistico di Giorgio Sthal. Già dopo il 1770 per opera dello Svedese Scheele, di Blanck, di Woodward, di Bergmann, erano stati scoperti molti acidi, decomposti varj corpi. — Blanck, Cavendish, Priestley, Scheele, Rouelle studiarono i gas, pervennero alla scoperta dell'osigeno, trovarono la composizione dell'aria e dell'acqua. — Berthollet quella dell'ammoniaca. Lavoisier prima di ascendere il palco di morte, su cui spingevalo il tribunale rivoluzionario troncando le ali alla di lui gloria, dava la famosa teoria della combustione, e faceva comprendere a quali immensi uffici destinato fosse da natura l'osigeno, e lo qualificava per generatore di tutti gli acidi; generalizzazione provata erronea dal Savojardo Berthollet prima, quindi da altri. L'italiano Brugnatelli col suo termossigene suppliva alla teorica del Lavoisier, come quella che non rendeva ragione del calorico, e della luce sviluppantisi in certe circostanze. Ma la scienza Chimica giganteggiò quando s'impadronì della pila. Questo portentoso strumento, che tanta influenza ha portato e porterà sulla civilizzazione dei popoli, in mano di Berzelius, di Hisinger, e in special modo di Davy, fece cambiare aspetto alla chimica, che per quello si elevò veramente al grado di scienza — molte sostanze fino allora credute semplici furono decomposte; gli alcali e le terre cambiaronsi in altrettanti metalli, e la teorica del Lavoisier ne rimase crollata. Lungo sarebbe voler segnalare i progressi fatti dalla scienza per opera dei Vauquelin, Thenard, Ampere; dei Dalton, e Wollaston; dei Venzel, Richter, Mitscherlich, Berzelius, ed altri — basti solo ricordare che circa il tempo in cui il Taddei prese stanza in Firenze si annunziavano ognora nuove scoperte di Chimica, ed ogni giorno segnava un nuovo passo della scienza. Quanta nobile emulazione provasse nell'animo il giovane chimico, con quanto ardore si gettasse allo studio ben di per voi o Signori, il comprendete.

Continuando egli intanto gli esperimenti sul glutine, già intrapresi in patria, studiò l'azione di questa sostanza, e particolarmente del zimoma, sul sublimato corrosivo, ed altri sali mercuriali, e vide che formavano un composto glutinoso insolubile, per cui, se ingeriti insieme, veniva a cessare l'azione corrosiva, che quel possente veleno dispiega sulle pareti del tubo gastro-enterico. Questo ritrovato, che fu grandissimo servigio reso all'umanità, e segnò una delle più belle glorie del Taddei, venne da esso annunziato al pubblico nel 1820 (1). Avea l'Orfila non molto innanzi proclamata l'albumina, o chiaro d'uovo, siccome antitodo del sublimato — e presso a poco identico è il loro modo d'azione; però la facoltà che possiede la stessa albumina di tornare a sciogliere il coagulo da essa operato, ove se ne ingerisca in soverchia quantità, portava l'illustre Tossicologista Francese a consigliare di non propinare albumina in eccesso, per non disciogliere il precipitato nel tempo stesso in cui si forma, perocché tornerebbe allora l'azione del veleno. Quale incertezza pel medico nell'osservanza di questo precetto! — come esser sicuro di averlo tutto decomposto, ritenuti in freno dal timore di nuocere se nella dose dell'antitodo si trabocca? Primo pregio di ogni antitodo si è il poterlo ministrare senza restrizione; e questo pregio possiede al certo il glutine; della cui superiorità conveniva l'istesso Orfila, per quanto la facilità di aver pronto l'albume dell'uovo nel caso d'avvelenamento, facesse a lui sempre preferire il suo antitodo a

---

(1) Vedi come sopra al N° VI. — G. Odier traduceva in francese il libro del Taddei che veniva stampato a *Paris, chez Barrois l'ainé* 1822. — *Il Dictionaire abregé des sciences médicales, Paris chez Panckoucke* 1823, così si esprime all'articolo Gluten pag. 336. *Taddei a réconnu dans le gluten la proprieté de decomposer le deuto-chlorure de mercure . . . . Ainsi le propose-t-il comme antidote dans les empoisonnement par le sublimé corrosive*. Di questo parla pure il Dizionario dei medicamenti pubblicato in Modena dal 1827 al 1830 ed il *Dictionaire de medicine et de Chirurgie pratique* — Paris chez Maquignon Marvis ec., 1830 — ove al Tom. XI, pag. 452 si legge rapporto al glutine *Ce dernier contre-poison a été conseillé par Taddei*. — Ne parla pure l'Orfila nella terza edizione della sua Tossicologia. — Pure il Sig. Mutel allorché nel 1830 accozzava un trattato sui veleni, attribuiva a Chaussier seniore il merito di avere indicata non solo l'albumina, ma anche il glutine. — Più modesto e veritiero Chaussier juniore, figlio dell'altro, in un libro sui contravveleni stampato nel 1819 non fa parola del glutine.

quello del Taddei. Ma il Chimico Sanminiatese ben replicava, che oltre all'avere insegnato con metodo tutto suo il mezzo di ridurre il glutine allo stato di polvere emulsiva, e così conservarla nelle Farmacie (1), valevano pure a vincere l'avvelenamento, perchè ricchi di glutine, il lievito di birra, il lievito da far pane, la farina di frumento, di segala, d'orzo, o di altro cereale.

Queste prime operazioni del giovane chimico levarono alta la di lui rinomanza, e gli conciliarono la stima dei dotti cultori delle naturali discipline.

Vacava allora nella Scuola Fiorentina la Cattedra di Farmacologia, e la Intendenza della Farmacia nell'Arcispedale.

La cattedra doveva conferirsi per concorso da tenersi in Pisa. Non esitò il Taddei, e subìto il concorso con molto suo plauso, nell'anno 1820 (2) gli venne affidata la cattedra.

Ecco già il nostro concittadino nella fresca età di anni 28 elevato al gravissimo e nobile ministero dell'insegnare — ecco ad esso affidata la direzione scientifica dei giovani farmacisti — ed egli vi si accinge con quella alacrità di animo, di che solo è capace quegli, che sa di possedere la scienza; perocchè il Taddei non appartenesse alla numerosa schiera di coloro, che intendono apprendere la scienza dopo avere ottenuto l'ufficio d'insegnarla.

Facile fu al nuovo Professore conciliarsi l'amore degli alunni, e la stima di coloro che pria furono suoi maestri, ed ora suoi colleghi. Numeroso era il concorso alle lezioni, poichè non solo gli scuolari, ma v'intervenissero eziandio molti pel solo piacere di apprendere una scienza, che quasi allora era addivenuta di moda; attrattivi ancora dal suo naturale e piacevole eloquio, dalla chiarezza dell'esposizione, dalla precisione e sicurezza degli esperimenti.

Aveva ragunato mercè l'esercizio medico, e l'onorario del primo anno di cattedra un piccolo tesoro, che volle spendere per aumentare la sfera delle sue cognizioni. — Ottenutone dal Governo il necessario permesso, il 17 agosto 1821 move da Firenze, e per la via

(1) Vedi l'opera citata, pag. 30.
(2) Il giorno 26 novembre 1819 ebbe luogo l'esame di concorso. — Con rescritto del 18 gennajo 1820 fu nominato Professore di Farmacologia, ed Intendente della Farmacia di S. Maria Nuova.

di Bologna, Modena e Parma giunge a Milano. Percorre spedali, istituti; vede i metodi d'insegnamento; niente sfugge alla sua perspicacia, da per tutto novelle cognizioni acquistando. Da Milano passa a Torino, e di là per la Via del Cenisio, attonito al nuovo spettacolo che le alpine montagne, tanto illustrate dal Dandolo e dal Saussurre, svolgono ai suoi sguardi con i loro giganteschi ammassi di granito, giunge a Ginevra. Salutata la patria di Rousseau, scende nei piani del Rodano per portarsi a Parigi. Oltre quattro mesi ei vi si trattiene. Visita quanto di più grande offre la metropoli di quella nazione, che in un momento d'ira contro i suoi tiranni seppe cambiar l'aspetto dell'Europa, ed irradiandola con la sacra face della libertà, la via le dischiuse a più alti destini. Avvicina il Taddei in quella illustre città gli uomini più celebri nelle scienze che ivi tengono soggiorno. Vauquelin, Gay-Lussac, Thenard, Brogniart, Chevreul, Orfila, che già il conoscevano, bene ad esso la propria stima e benevolenza addimostrano, concedendogli a gara i propri laboratorj, perchè sempre più si avanzi in nuove chimiche esercitazioni. Tratto finalmente commiato da quelli illustri, passa la Manica; ed afferra le spiagge d'Inghilterra, ove il chiama la fama di Davy e di Wollaston. Col consorzio di questi, che venerati da tutta Europa, ampliavano sempre più il dominio della scienza, ebbe campo di esercitare il proprio spirito nella nuova dottrina che il Wollaston, insieme col Dalton, aveva eretto sulle proporzioni definite. Ma il suo dovere il richiama in Toscana — perciò visitata Lilla, Bruxelles, Strasbourg, e varcate di nuovo le Alpi, per la via di Lombardia giunge in Firenze, ove alla metà del maggio 1822 il corso riprende delle sue lezioni.

Restituito alla quiete del proprio gabinetto volle dare al pubblico un saggio del profitto scientifico, ottenuto nei suoi viaggi, pubblicando per il primo in Italia la teoria degli equivalenti, appresa dalla viva voce del Dalton e del Davy. Intendo parlare del suo libro la *Stechiometria chimica, o teoria delle proporzioni definite* (1). In quest'opera felicemente concepita, e con ogni diligenza compiuta veniva raccolto e spiegato quanto di sparso e di più astruso posse-

(1) Vedi l'elenco dell'opere al N° XIV.

deva allora la Chimica in una materia, che le dava quella evidenza di fatti, e quel vigore di principj, di cui abbisognava per salire al grado di vera scienza. Fatta conoscere la storia, e lo sviluppo della teoria delle proporzioni determinate, indicatane quella dei volumi, scende ad insegnare come si abbia a procedere per determinare l'atomo semplice nei composti binarj, ed il composto nei sali; e propone di corredare i nomi di questi e quelli con alcuni simboli, che valgano ad indicare il numero degli equivalenti. Primo passo da esso tentato per giungere a quella esatta nuova nomenclatura, che venne più tardi generalmente adottata. E se questa prima parte del libro è utile per i giovani studenti la scienza, le molte tavole che in ultimo lo corredano lo rende utilissimo per il Chimico il più esercitato.

Durante il suo soggiorno a Parigi aveva visitato a Marly la fabbrica di aceto di Legno, costrutta sul modello di quella, che il Sig. Mollerat aveva eretto a Pouilly. Al suo ritorno fu sollecito a farne conoscere in Toscana il mezzo di preparazione, perchè si mettesse in uso (1). Ma la ricchezza delle nostre uve fece dimenticare quella bella memoria. Ora però che ne affligge una generale penuria, siccome il Taddei sembra quasi in quello scritto intravedere, uopo sarebbe far tesoro di quella maniera d'aceto, e così allontanare i pericoli, che alcune qualità di quel liquido tristamente preparato minacciano di continuo la pubblica salute.

Studiò in appresso la volubilità della materia colorante dell' uve nere, e la indicò come reagente (2) — propose nuovo ed utile metodo per preparare in grande l'etiope minerale, all'oggetto di evitare la estrema difficoltà, che negli ordinari metodi s'incontrava per la combinazione del mercurio col zolfo (3) — per le sue accurate ricerche quel nuovo composto scoperto da Frisiani e Ferrari in Milano, e da loro riputato analogo all'idro-carburo d'jodio, fu costatato essere costituito di carbonio e d'jodio, e doversi riporre fra i composti binarj, ed appellarsi joduro di carbono (4) — per l'joduro

(1) Vedi come sopra al N° XXI.
(2) Vedi come sopra al N° VIII.
(3) Vedi come sopra al N° VII.
(4) Vedi come sopra al N° XI.

di potassio propose nuovo metodo di preparazione, che all'economia del danaro riunisse quella pure del tempo, e che preso in esame dal Collegio Medico Fiorentino venne sancito ed adottato (1) — modificò l'apparecchio di Woolf all'oggetto di renderlo perpetuo, ed ovviare così a molti inconvenienti che avvenivano nelle diverse preparazioni (2). Propose di ottenere gas illuminante dai semi oleaginosi, indicandone facile e spedito il mezzo (3). Questo suo pensiero comunicava alla Accademia dei Georgofili nell'anno 1822; e nel 1825 il Sig. Wilson annunziava fastosamente al mondo scienziato la stessa idea siccome nuova scoperta. Vi fu un tempo in cui gli Italiani non erano padroni neppure dei loro pensieri.

Le farmacopee che allora servivano di norma alla preparazione dei medicamenti non più stavano in rapporto con i progressi della chimica. Gli alunni della scuola di Farmacologia mancavano di una guida, per far proprio quanto il loro Maestro andava dettando dalla cattedra. Riparò a questo vuoto il Taddei con la stampa del suo corso di Farmacologia, che intitolò Farmacopea generale (4). Utilissima riescì quest'opera nella quale potevano gli alunni attingere i sani precetti dell'arte farmaceutica, i farmacisti passare in rivista i migliori metodi di preparazione, ed i medici raccogliere utili nozioni sulla maniera di ben formulare. — Passati prima in rivista gli apparecchi tutti dei quali deve essere fornito il laboratorio chimico-farmaceutico; detto dei pesi e misure e del loro ragguaglio al sistema metrico; ricordate le leggi fondamentali della Chimica, e la dottrina atomistica allora nascente; viene a parlare degli imponderabili, dei corpi semplici, quindi dei composti; passa in rivista le sostanze vegetabili, amplettendo nella sua voluminosa opera tutto quanto appartiene alla materia medica; sviluppando i processi allora adottati per la composizione di moltissime sostanze, accennandone le modificazioni da esso indottevi, e quei nuovi metodi proponendo, che per le di lui particolari esperienze valevano ad ottenere migliore il prodotto col minor possibile dispendio di danaro e di tempo.

(1) Vedi come sopra al N° IX.
(2) Vedi come sopra al N° XII.
(3) Vedi come sopra al N° XVI.
(4) Vedi come sopra al N° XIX.

Questo suo lavoro, che svincolava la Farmacopea da tante inutili lunghe e quasi superstiziose osservazioni, fu di grandissimo giovamento a coloro che chiamati erano a far propria la scienza farmacologica per l'utile dell'umanità, ed arrecò all'Autore non poco lustro e decoro.

Egli però non fu uso giammai riposarsi sugli allori ottenuti. Sfidando la incertezza di sua salute sembrava infaticabile. La sua vita passava continua dal suo studio al laboratorio; il motto dell'Accademia del Cimento era la sua divisa; interrogando senza posa la natura non era pago finchè non avesse tolto il velo a qualcuno dei tanti suoi misteri. Non appena fornito un lavoro dava tosto di mano ad un'altro; e già nel tempo, in che attendeva alla stampa della Farmacopea, ed alle continue lezioni nell'arcispedale, non cessava dai suoi studj sugli ingrassi e sul calorico, traendone argomento di belle memorie, alle quali dava lettura nell'Aula dei Georgofili.

A gravissima disputa e d'importanza somma per l'arte agraria somministrò occasione ed argomento la chimica agraria del Davy. Della preparazione, e dell'uso degli ingrassi trattò forse per la prima volta l'illustre inglese, e primo si oppose al pregiudizio ed alla pratica comune, che la fermentazione preceder dovesse l'impiego degli ingrassi per renderne più solubile e divisa la materia; dottrina che incontrò seguaci, ed oppositori. — La questione si agitò in vario modo dai Georgofili, che finalmente ne fecero argomento del programma di concorso per l'anno 1817; non risoluto per allora il quesito si tornò a proporlo pel concorso del 1822. Gioacchino Taddei riportò in questo concorso i secondi onori, essendo stata coronata la memoria del socio corrispondente Giuseppe Lambruschini. Sviluppando la chimica dottrina che rivela il mistero della nutrizione degli esseri vegetanti, e la teoria che spiega la varia forza ed efficacia nutriente delle sostanze, le quali sotto il comune e generico nome d'ingrassi s'impiegano come alimento alle piante, conclude egli doversi amministrare gl'ingrassi nello stato di naturale integrità, colla maggior certezza di renderli più nutritivi (1). — Le conclusioni dei concorrenti al premio del 1822, sebbene ottenessero il suffragio ac-

(1) Vedi come sopra al N° X.

cademico, furono però riguardate come regole da applicarsi nel numero maggiore dei casi, ma che pure andar potessero soggette ad eccezioni, che le differenze dei terreni, la diversa voracità delle piante, l'incostanza dei climi determinare potevano. Quindi l'Accademia, ritenuti i principj emessi nella precedente memoria, con programma del novembre 1826 volle, che indicati gli inconvenienti derivanti dall'uso dei letami freschi ne fosse assegnato il valore giusto di fronte alla perdita, che la fermentazione produce nella quantità dei letami stessi; e ricercò quale potesse essere il modo di conciliare la teoria con la pratica per ottenere in Agricoltura il più sicuro e maggiore effetto da una quantità di letami intatti. Correa pure allora l'arringo il Taddei, e coronata fu dall'accademia la sua memoria, con la quale viene mostrato che se vi ha inconveniente nell'impiego dei letami freschi, può esservi in qualche modo riparato coll'industria; mentre irreparabile è il danno che nella perdita di una gran parte della materia ingrassante produce la fermentazione; e se talvolta gli ingrassi non fermentati possono per la natura dei loro principj offendere gli organismi dei vegetabili; pure si fugge il danno se si ministrino sì ai semi, che alle piante in miscela di altre sostanze, le quali debbono essere diverse secondo la differente qualità dei terreni. E nel caso comune che si debbano conservare i concimi, indica l'utilità di trattarli, specialmente se contengano materia animale, con sostanze astringenti, che ne ritardino la putrefazione, e frenino i cangiamenti dovuti alla fermentazione (1). Le sostanze fertilizzanti, che mediante la fermentazione sviluppansi dai concimi, e vanno perdute se quella avvenga sulle masse, sono l'ammoniaca ed il gas acido carbonico; ed in proposito della sorgente di quest'ultimo belle sono le idee che in successive memorie espone, laddove parlando dell'ufficio dell'humus dimostra, che non già la materia carbonosa dell'humus goda delle facoltà di trasformarsi in gas bi-ossi-carbonico, ma che per l'azione dell'acido umico spiegata sui bi-ossi-carbonati alcalini e terrosi, viene svolto da questi il materiale in questione (2). Questa sarebbe somministra-

(1) Vedi come sopra al N° XX.
(2) Vedi come sopra al N° XXXVI.

zione diretta, immediata. Però se ne svolge per via indiretta e mediata siccome in altro luogo addimostra (1); facendo rilevare il fatto non pria da veruno osservato che porzione, cioè, dell'acido carbonico svincolato per la presenza dell'humus dai bi-ossi-carbonati alcalini, e terrosi, si getta sui carbonati terrosi, per loro natura non attaccabili, e riducendoli allo stato di bi-ossi-carbonati, li porta in quella peculiare condizione per la quale possono venire facilmente decomposti dall'acido umico. Nuova apparisce pure la ragione da esso addotta per ispiegare come nei suburbj di Firenze sullo stesso terreno si ottenga un ricco ricolto di grano per tre consecutivi anni. Alle piante non abbisogna solo carbonio e ammoniaca, ma vogliono pur trarre dal suolo quei materiali inorganici, di cui principalmente compongonsi. I fosfati di magnesia e di calce, gli alcali soda e potassa, la silice il perossido di ferro costituiscono i materiali inorganici del grano; e questa preziosa graminacea non potrebbe tornare a vegetare in un terreno, da cui avesse già estratti quei materiali. Il pozzo nero è la maniera di concime che, questi esuberantemente possedendo, vale a preferenza degli altri a restituire al suolo quei materiali; e spargendo quello a larga mano gli agricoltori del suburbio fiorentino ottengono sullo stesso terreno tre consecutive raccolte di frumento (2). Nulla in queste memorie trovasi di azzardato; ma ciascuna idea, ciascun precetto muove sempre da esperimenti sapientemente istituiti, con pazienza continuati, e variamente ripetuti.

Sembrava quasi esaurito quest'argomento, quando dopo cinque lustri tornava nuovamente a trattarlo il non mai stanco scienziato, sebbene la malattia che lo travagliava, e che doveva in breve estinguerne la voce, ne avesse tronche le forze. Prendeva egli a considerare i letami e le piante nei loro rapporti chimico-fisiologici; e fatto paragone fra gli apparati di nutrizione degli animali, e dei vegetabili, ben qualificati i primi quali *apparati di combustione o di consumazione;* *di riduzione o di ripristinazione* gli altri, scendeva a dimostrare che i vegetabili abbisognano di elementi già elaborati per

---

(1) Vedi come sopra al N° LVI.
(2) Vedi come sopra al N° LI.

poterli assimilare, e questi esser loro ministrati dai letami, in seguito a successive fermentazioni e metamorfosi, per le quali vengonsi a restituire ai campi i materiali sì organici che inorganici, sottratti da una cultura senza tregua avvicendata. E questo vero non porta contradizione col doversi impiegare i letami preparati di recente; perocchè le fermentazioni di che hanno bisogno, onde elargire alle radici la materia confacente al loro nutrimento, avvengono in seno del suolo (1). È vero che non sole le radici porgono nutrimento alla pianta: le foglie pure compiono gravissimo ufficio nell'economia vegetabile; per esse si decompongono le emanazioni ammoniacali che vanno volitando nell'atmosfera, e ne assorbono l'azoto. Poco però questo al loro bisogno sarebbe, se non supplisse l'azoto che sviluppasi dai concimi; ed alcuni agronomi van lamentando la penuria di questo elemento; alla quale è possibile riparare col dilatare il cerchio delle metamorfosi, che si fanno subire alle materie organiche azotate, prima di centralizzare l'elemento utile nelle macchine vegetabili, o di ricondurle, previa la fermentazione, a far parte delle piante. Il mezzo per raggiungere cosiffatto intento si è quello di aumentare il più possibile i capi del bestiame: mercè di che verrebbe utilizzato non poco azoto, che ora va perduto, o per lo meno sarebbe fatto uso più economico delle materie di cui esso fa parte. Pratica mai sempre raccomandata dall'illustre Presidente dei Georgofili (2).

Però gli studj sugli ingrassi tornar non possono a verace profitto dell'arte agraria, se non si abbia una retta cognizione delle diverse qualità dei terreni, onde quelli a questi appropriare. Allo inconveniente che terreni diversi chiamati vengano con gli stessi nomi, e terreni simili con nomi diversi, propose il Taddei adequato riparo con la scelta e con l'adozione generale di una nomenclatura resa atta, gionata ed unica, per cui gli Agronomi possano intendersi fra loro, chiamando tutti le stesse specie di terreni con nomi istessi, desunti dalla loro natura chimica, o dalla respettiva proporzione dominante dei principj componenti, onde dipendono le loro sostanziali qualità e

---

(1) Vedi come sopra al N° LXXI.
(2) Vedi come sopra al N° LXXII.

differenze, e nella cui intelligenza il felice esito delle semente è riposto (1). A tutelar sempre più i prodotti del suolo, cotanto minacciati dalle meteore atmosferiche, in special modo da quelle brine, che talvolta avvengono a primavera avanzata, rivolti erano i suoi pensieri quando, all'occasione della brina del primo maggio 1829, diceva esser questo fenomeno subordinato al potere emissivo del calorico raggiante, e la dispersione che di esso possa farsi liberamente essere sempre causa dei più gravi danni; ma questi venir diminuiti se un qualche impedimento respinga, almeno in parte, sulle piante il calorico, che irradia da loro. Per la quale spiegazione della formazione delle brine, che fu poi ritenuta da tutti i fisici, ne conseguita, che circondando le pianticelle con densa nube di fumo continuamente alimentata, puossi in qualche modo impedire quella eccessiva emissione di calorico, e così salvare le giovani piante, ed i teneri virgulti allora spuntati (2).

Ma gli studj sul calorico appariscono poi particolarmente nelle sue memorie sui combustibili, e sopra l'utile applicazione di quell'imponderabile, nelle quali niente resta a desiderare di quanto ha rapporto coll' economia, e coll' igiene, facendo a queste servire le teorie fisico-chimiche con tanta dottrina sviluppate (3). Filiazione di queste sue lucubrazioni fu la nuova macchina calefattrice, che fece costruire per l'istituto balneario di S. Lucia; nella quale profittando della proprietà del calorico di diffondersi, e porsi in equilibrio immaginò di farla costruire in modo che stesse sepolta entro l'acqua, traendo utile dal fumo che per adattato tubo faceva correre entro l'acqua di caldaje suppletorie, e dal vapore acqueo ob-

---

(1) Vedi come sopra al N° XVII.
(2) Vedi come sopra al N° XXIII. — Il Proposto Beltrami di Rivalta credeva la brina dipendente da un giuoco di elettricità. L'Accademia dei Georgofili veduta la discrepanza delle opinioni del Beltrami e del Taddei volle che queste fossero comparativamente esaminate da una commissione, di cui fu eletto relatore il Prof. Giorgi, che intieramente abbracciava la teorica del Taddei. Sovra questo argomento non conoscevansi allora che le osservazioni del Wells. Il Taddei per il primo in Italia dava maggiore sviluppo ai principj posti da quel dotto, applicandoli alla brina.
(3) Vedi come sopra ai N.i XXIV-XXV.

bligandolo a circolare entro una vasca refrigerante, nella quale raccogliesi l'acqua fredda, che viene attinta dai pozzi. Prima dell'applicazione di questa macchina si consumavano in quello stabilimento 97 cataste di legna per 19 mila bagni; attivata la macchina bastarono sole 14 cataste. La ottenuta diminuzione della spesa permise si estendessero i bagni gratuiti ai poveri di Firenze. Ecco, o Signori, la scienza che porge una mano soccorritrice all'umanità languente, e le permette godere i beni che sembravano riserbati al solo facoltoso. Pure da quei luoghi ove altro udir non si dovrebbe che parola di verità, sento talvolta gridare contro i progressi del secolo. Se questa non è bestemmia, vorrei sapere con quali altre parole l'uomo può bestemmiare la Provvidenza.

Volgiamo ora lo sguardo ad opera di bene altra mole e di altissima importanza. Seguendo i progressi della Chimica erano stati posti in luce in vari idiomi molti trattati di Tossicologia, fra i quali primeggiava quello dell'Orfila. Questi però, siccome gli altri, intendeva ad ampliare il dominio della Medicina Forense, ed istituiva precetti, e regole degne di quel grande scienziato, onde scoprire la presenza del veleno laddove ne era solo il sospetto. Mancava sovra questo importantissimo argomento un'opera, nella quale si studiasse l'indole, ed il genio dei veleni, per farne meglio apprezzare i pericoli e le offese, e si avvertisse il popolo rispetto ai mezzi, cui è d'uopo ricorrere per liberarsene, se per qualsivoglia circostanza ingeriti. A questo oggetto Gioacchino Taddei dettò l'opera che intitolava *Repertorio dei veleni e contravveleni* (1) — Umile ne è il titolo, grandissimo però lo scopo; e possiamo francamente affermare racchiudersi in quelle pagine tutto quanto alla scienza dei veleni ha rapporto. Quivi non si considera il veleno sotto l'aspetto medico-forense; ma per veleno s'intende ogni sostanza, che proveniente dall'esterno, qualunque sia la sua natura e la sua forma, minaccia la umana esistenza; — per cui ai veleni mercuriali, cuprici, arsenicali ec., ed a quelli tratti dal regno vegetabile vanno uniti il morso della vipera, e di varj insetti, l'asfissie per gas mefitici, l'emanazioni mortifere di alcune piante, i miasmi, i contagi. Quivi il me-

(1) Vedi come sopra al N° XXVIII.

dico trova ampia sorgente d'istruzione, perocchè la sintomatologia dei singoli veleni così vera apparisca, che quasi ti sembra vedere il misero avvelenato in preda all'agonia, che in esso desta la nemica sostanza ingerita, nel tempo stesso in cui apprende quanto la scienza insegna per sollievo dell'infelice, che sorge tosto speranza di poterlo strappare dalle fauci della morte. Il popolo pure vi apprende a difendersi da quanto può minacciargli da vicino la vita, ed a quali primi soccorsi dee dar di mano in qualunque disgraziata evenienza.

In quelle pagine, che tutte spirano amore per l'umanità, l'Autore conservando sempre pura la dizione, si è abbassato fino al popolo per essere dal popolo inteso; ha evitato di entrare nei misteri della Chimica, e quanto a quella si referisce è di comune intelligenza. Vasto campo di erudizione scientifica si dischiudeva dinanzi a Lui, egli vi renunziò pel bene dei suoi simili, e ne ebbe guiderdone nell'amore che il popolo a lui mai sempre portò.

Si andava intanto attuando la riforma degli studi pratici di medicina. La scuola di Firenze capitanata dall'illustre Bufalini, ed allora dichiarata scuola di perfezionamento, mancava di una cattedra di chimica organica, che l'avanzamento delle scienze mediche potentemente reclamavano. — Chi più valevole del Taddei a sostenerla? chi più di lui in questa parte di pubblico insegnamento mantener poteva il lustro di quella scuola, fatta celebre da tanti sommi ingegni? Ed al Taddei nel 4 novembre 1840 veniva affidato lo insegnamento della chimica organica. A voi che mi seguiste fino ad ora, e che già comprendeste di qual tempra fosse l'animo del Taddei, non abbisogna che io dica con quale ardore applicasse alla chimica degli organismi, che quasi allora sorgeva, ed ai cui progressi tanto cooperò; con quanto plauso, con quanto profitto dei giovani medici il nobilissimo ufficio sostenesse; se per poco tollerate il mio dire ne avrete ampia la prova.

Già dal 1836, precedendo il Le-canu, cominciati avea speciali studj sul sangue, prefiggendosi fin d'allora la soluzione di difficilissimi problemi. Portata la sua disamina sui varj materiali di che costa quel fluido vitale, immaginò un processo tutto nuovo, che chiamò d'*interposizione*, per estrarne la ematosina, o materia colorante, che ottenuta e sottoposta ad analisi, vide comportarsi con le basi alla maniera degli acidi, ed avere di quelli tutte le proprietà, per cui l'appellò acido emaplastico (1); ritenendo però sempre, che il ferro ne fosse parte costituente. E per quanto lo Scherer in seguito ad alcuni suoi esperimenti fosse portato all'esclusione di parti ferruginee nell'ematosina, pure il Chimico Sanminiatese, ripetendo gli esperimenti del Chimico Alemanno, ed altri istituendone, rimase fermo nella sentenza, che al ferro debba esser riferita la proprietà d'influire sul color rosso del sangue (2). Progredendo in queste investigazioni ematologiche, giunse a proporsi l'arduo quesito della discriminazione del sangue umano da quello dei bruti. — Due soli erano i criterj proposti per sì ardua discriminazione, cioè la forma circolare o lenticolare dei globuli del sangue, e l'odore specifico fatto da quello sviluppare per l'azione dell'acido tri-ossi-solforico. Fallaci sempre, e non sempre possibili a praticarsi questi due mezzi vengono rigettati dal Taddei, che poggiando sulle esperienze vuole basare sopra dati più positivi i suoi criteri di discriminazione. Se voi, o Signori, voleste seguire il vostro illustre concittadino nella lunga serie dei differenti, e nuovi esperimenti, che egli intraprese sul sangue di molte specie di pesci, rettili, uccelli, mammiferi, per istudiarne la *coalizzabilità*, e la *fluidificabilità*, sul quale ultimo carattere basava la umanità del sangue, restereste meravigliati della istancabile pazienza, e del profondo criterio, che guidava quelle sue operazioni (3); delle quali addivenuto era così sicuro, che nel suo laboratorio il più arduo problema, che il foro criminale possa proporre al chimico analizzatore, quello di stabilire, cioè, se un dato sangue sia umano o no, era addivenuto di certa soluzione. — Ma se al nostro Presidente per la lunga esperienza, per la sveltezza dello esperimentatore, per la precisione dei pesi, per la perfetta quantità dei reattivi era addivenuta familiare la soluzione del problema, non così era per altri, i quali v'incontravano ancora molte difficoltà. Perciò il Congresso di Genova invitava i Chimici italiani a tornare sulle esperienze dell'illustre autore dell'Ematollo-

(1) Vedi come sopra al N° XXXI.
(2) Vedi come sopra al N° XL.
(3) Vedi come sopra al N° XXXVII.

scopia, perchè confermati in più modi ricevessero la generale sanzione degli uomini di scienza, e potessero con ogni modo di guarantigia recare al foro criminale quei grandi e desiderabili servigj cui mirano (1). Ho fede che lo studio e la pazienza dei cultori della Chimica faranno trionfare le idee dell'estinto scienziato.

Senza intermettere queste sue operazioni, fu da lui intrapresa poco appresso la stampa del *Manuale di Chimica Organica e Fisica medica*, che servir doveva di norma agli studi dei suoi alunni nella Scuola Fiorentina (2). — In questa opera che comprende la Chimica e la Fisica degli organismi, l'esame dei prodotti morbosi, si offre allo studioso l'analisi del sangue, del chilo, del latte, del grasso, dell'orina, dei tessuti osseo e corneo, cartilagineo, cellulare, vascolare e nervoso — si esaminano la respirazione, la calorificazione, la imbibizione, l'assorbimento, la nutrizione — si studiano i vizi del sangue, e la maggior parte dei prodotti morbosi; ed il giovane che già si avanza nel santuario della scienza apprende come le stesse leggi generali, che i corpi tutti della natura governano, il chimismo pure sorreggono degli esseri viventi; e come l'eterno Fattore, indipendentemente da quello spiro immortale che da Lui parte per ritornare a Lui, volesse retta la vita da quegli atti continui di scomposizione e di ricomposizione organica, da quell'occulto processo di metamorfosi progressive, le quali cessate una volta questo misero frale cade, e si discioglie per rendere alla terra gli elementi di nuovi esseri.

Ma di troppo, Accademici onorandi, della sofferenza vostra abusai, e molto ancora a dire mi resta, per trattenervi sopra tutti i suoi lavori, e sovra quanto egli operò in seno dei Congressi Italiani, dove non rimase giammai agli altri inferiore per onorevoli uffici, per brillanti discussioni (3), legandosi in scientifica amicizia con i più illu-

(1) Vedi Diario dell'8° Congresso degli Scienziati Italiani convocati in Genova nel settembre 1846, N° 12, Sez. di Chimica, pag. 124.
(2) Vedi infine l'Elenco delle opere al N° LII.
(3) Vedi gli atti dei congressi degli Scienziati italiani. — Nel congresso di Genova fu istituita una commissione di scienziati per compilare una Farmacopea Generale da adottarsi in tutta Italia, ed il Taddei ne fu nominato Presidente. — Quello che allora era una aspirazione di dotti, e di amanti la patria, ora è addivenuto una necessità. Il Governo provveda.

tri sapienti dell' Italia (1). — Così lascio sotto silenzio le modificazioni indotte nella Pila per gli usi terapeutici negli spedali (2); il suo

(1) Della corrispondenza scientifica del Taddei non si conoscono che una lettera del Prof. Cav. Wöhler di Gottinga stampata nella *Gazzetta Toscana delle Scienze Medico-Fisiche*, Anno V, N° 2 nella quale l'illustre Prof. dopo lusinghiere e gentili espressioni verso il Taddei, e gli altri Scienziati per averlo accolto nel Congresso di Genova, scende a parlare dei suoi studi sull'azione dell'idrogeno solforato sulla combinazione dell'aldeide con l'ammoniaca, dalla cui reciproca decomposizione ne resulta quella nuova base organica da esso e da Liebig appellata Tialdina. Altra lettera del Principe Luigi Buonaparte inserita nello stesso giornale, Anno I, N° 13, 16 agosto, nella quale risponde sulla interessante comunicazione fattagli dal Taddei di un nuovo mezzo, onde rintracciar minime quantità di una sostanza disciolta in una gran massa di liquido. Il Buonaparte finisce la lettera con congratularsi col Taddei del nuovo ed utile reagente fornito alla scienza. La lettera poi dell'illustre Zantedeschi e la risposta del Taddei inserita nel giornale *Lo Spettatore*, Anno IV, N° 8 sono tali documenti, che l'animo rivelando di quei grandi, non possono compendiarsi in brevi parole, perciò credo opportuno riportarle testualmente.

LETTERA DEL PROF. CAV. AB. FRANCESCO ZANTEDESCHI AL PROF. CAV. GIOACCHINO TADDEI.

Illustre professore ed amico carissimo!

« È da gran tempo che io non vi scrivo. Infortunii, calamità mi ob-
« bligarono a sospendere quella corrispondenza, che era il conforto
« più nobile del mio cuore. Ma gl'infortunii stessi, allorchè giungono
« al sommo, fanno prorompere quasi con violenza: *perchè amico mio
« non m'aiuti!* Scrissi all'Accademia dei Gergofili una mia lettera, che
« accompagnava alcune linee biografiche, le quali nel giorno del do-
« lore e dell'abbandono mi furono presentate dalla riverente pietà dei
« miei discepoli, quale testamento non perituro della loro benevolenza
« per me. Se allora non scrissi a voi, fu perchè voleva perfino evitare
« il sospetto che io mendicassi lodi. Desiderava che la carità de'fratelli
« sorgesse spontanea a mitigare la gravezza di quell'infortunio, che
« mi volle compagno dell'immortale mio predecessore e maestro Gali-
« leo; che mi volle compagno di quel grande, che onora Firenze, Gino
« Capponi, che rattemperò la gravità della comune sventura con uno
« scritto che onora la mente e l'animo di chi lo dettò.
« Ora quella corona di fiori, che fu colta dalla mano pietosa de'miei
« scolari, riverentemente la presento a voi pure. Le farete benigna ac-
« coglienza perchè siete educato alla scuola della sventura; perchè

bicchiere idrostatico per determinare in modo facile e spedito il peso specifico dei corpi solidi (3); i suoi pensieri sui miasmi palu-

« avete sempre nobilmente amata la scienza; perchè l'avete sempre
« fatta progredire con sacrifizi di voi stesso. I detti di Galileo, e di
« Dante, miei altissimi maestri, furono opportunamente applicati, per-
« chè indicano quella dottrina che io ho sempre professata, e professo;
« e quei motti, che trovansi sparsi nell'interno dell'opuscolo, indicano
« la via che ho battuta, lottando con avversari e nemici. Vollero essi
« farmi assaporare l'amarezza e l'acerbità delle opere loro; ma il con-
« forto onorato che m'ebbi, in questi giorni, dalla Italia e da Oltr'Alpi,
« m'infuse tale lenimento al dolore da dimenticare quasi me stesso.
« Un segreto rimprovero io provava nel profondo dell'anima mia, per
« il ritardo frapposto nell'inviarvi una mia lettera, per piangere con
« chi sa piangere sopra la ferita dell'amico, e dire parole non mai pe-
« riture nella storia delle avversità. Le linee impertanto biografiche vi
« verranno recate dalla posta; ed io sono ben soddisfatto di avere
« adempiuto ad un dovere di quella preziosa amicizia, dellaquale sono,
« e sarò sempre fieramente orgoglioso.

« Padova il 2 febbraio del 1858

« L'amico e collega
« ZANTEDESCHI. »

RISPOSTA DEL CAV. PROF. GIOACCHINO TADDEI.

Prof. Zantedeschi Amico e Collega Pregiatissimo.

« Consapevole già dell'infortunio che vi colpì, la vostra lettera, se-
« gnata de' 2 stante, mi fu conferma anzi che annunzio dell'infausta
« notizia! Io mi penetro di tutto il dolore sofferto dall'animo vostro
« per lo stato d'inoperosità, in cui la perdita della vista oggi vi pone.
« Se però nella sciagura che vi ha percosso, io imprendo con questa
« mia a racconsolare il vostro spirito, com'è debito non meno di reli-
« gione, d'umanità, e che d'amicizia, confido che le mie parole non
« saranno per adempire ad una mera formalità, ma tali da produrre l'ef-
« fetto che vorrei, quello di lenire in qualche modo le attuali vostre
« sofferenze. Parole di conforto io traggo dalla stessa vostra vita pre-
« gressa, la quale voleste, e sapeste consacrare intieramente alle scien-
« tifiche discipline, ed alla pratica delle virtù. Ciascuno che vi abbia
« conosciuto sì di persona, come di fama, così mediterà fra se, così si
« esprimerà: *Se a Zantedeschi vennero a mancare gli occhi del corpo, ri-*
« *mangono quelli dell'anima; cosicchè se inerti ne sono divenute le brac-*
« *cia, si mantiene operosa la mente. Se egli anderà brancolando colla per-*
« *sona, com'avviene a chi deambula nelle tenebre, rapido però e sicuro cor-*

stri (4); il suo nuovo metodo per separare l'acido urico dalle orine (5); la indicazione del come si possa rendere ai medici più fa-

« rerà collo intelletto, fra mezzo agli ostacoli, nelle più intricate e labe-
« rintiche vie della scienza. Se non più di propria mano renderà ostensivi
« quei fenomeni, per i quali la natura è forzata a rivelare i suoi segreti,
« non per questo la potenza dell'ingegno in lui verrà meno, cosicché non
« possa tuttavia addentrarsi nei medesimi, sia per indagarne le cagioni, sia
« per trarne importanti corollari, non meno ad incremento ed illustrazione
« della scienza che per farne utile applicazione alle arti ed ai comodi
« della vita.

« Laonde maestro del fisico sapere, e modello di evangeliche virtù,
« quale voi foste in passato, tale sarete anche per l'avvenire, e nuovi
« titoli aggiungerete alla somma di quelli con che sapeste sì bene me-
« ritare della scienza, e de' cultori della medesima. Così non di vane
« ed effimere glorie, ma di una estimazione non peritura riscuoterete
« il tributo: quel tributo spontaneo, e reverente, di cui non ha guari
« riceveste l'arra dalla schiera de' discepoli, da voi stesso educati nelle
« filosofiche dottrine. I quali, se, commossi dalla disgrazia che vi colse,
« vollero non staccarsi da voi, senza darvi un solenne attestato del loro
« affetto, così pure arricchiti delle vostre dottrine intesero di offrirvi
« un pegno della loro riconoscenza.

« A voi, che della Santa Religione di Cristo siete ministro, non è
« d'uopo che io rammenti, essere i decreti di Dio imperscrutabili, ed a
« questi dover noi con imperturbato animo sottostare, imperocché ema-
« nati da Lui hanno in se la ragione del loro essere. E sapendo altresì
« quanto grande sia in voi la forza dell'animo, ispirata sì dai precetti
« del Vangelo, come da tutte quelle virtù, colle quali sapeste sì bene
« familiarizzarvi, io stimo di non spender parole per inculcarvi di sop-
« portare con filosofica rassegnazione le sventure, che a noi sono ap-
« parecchiate, durante il pellegrinaggio che facciamo su questa terra. Io
« terminerò con dire a vostro conforto che avendo voi logorato il proprio
« corpo, per far ricca la mente dei tesori della scienza, non che per
« farne al tempo stesso elargizione in pro de' vostri simili, avete sodi-
« sfatto al vostro debito verso Dio, e verso gli uomini.

« Vi abbraccio, e mi confermo:

« Firenze 6 febbraio 1858

« *Vostro affett. amico e collega*
« GIOACCHINO TADDEI. »

Si tiene per fermo che nell'immensa farragine di fogli lasciati dall'estinto Taddei molte altre lettere vi sieno che importerebbe alla scienza vedessero la luce. — Gli egregi di lui figli si sono accinti all'esame accurato di quei fogli, pel quale occorrerà molto tempo — com-

miliare il maneggio dei mezzi terapeutici (6); la premura con cui volle ripetute l'esperienze, che il Boutigny per il primo annunziava al congresso di Milano, sull'acqua allo stato globulare, giustamente attribuendole i disastri sulle ferrovie per esplosione delle caldaje, siccome udiste dalla sua stessa voce nella lettura che fece nelle nostre sale nella tornata ordinaria del 15 settembre 1853 (7), danno al quale tentava ovviare il Conte Campi con modificazioni indotte nella caldaja, e nelle quali pienamente concorreva il nostro Presidente (8).

Dall'egregio accademico che mi precedeva udiste le vicende dell'uomo, che noi avevamo eletto a rappresentarci al Parlamento Toscano nella storica epoca del 1848. Io non vi ricorderò che i calamitosi tempi, nei quali una cieca reazione sostenuta dagli sgherri austriaci, e dallo spergiuro di un principe che i disastri di Novara, e la stolta fidanza dei popoli richiamavano sul trono, tutto rovesciando con accanita rabbia quanto di buono a noi legava la rivoluzione, prendeva a bersaglio la scienza, siccome quella che di per se valeva ad alimentar la face della libertà, e destituiva il Taddei dallo insegnamento, privandolo d'ogni suo onorario, che con tanto utile dell'umanità, con tante fatiche, con tanto sacrifizio di vita si era guadagnato (9). E ben mi meraviglia come non gli si strappasse ancora

piuto l'esame è desiderio di ognuno che quanto in quelli appartiene alla scienza, o che vale a svelare sempre più la bell'anima del nostro concittadino sia fatto di pubblico diritto.

(2) Vedi l'elenco delle opere al N° XXXIII.
(3) Vedi come sopra al N° XXXIV.
(4) Vedi come sopra al N° XXXVIII.
(5) Vedi come sopra al N° XLVII.
(6) Vedi come sopra al N° LXVII.
(7) Vedi Atti dell'Accademia degli Euteleti.
(8) Vedi l'elenco delle opere al N° XLVIII. Molti altri scritti vengono poi lasciati, perduti in vari giornali, alcuni riportati nell'elenco, altri non segnati in quello, perchè o inediti, o non conosciuta nè la precisa intitolazione, nè il giornale nel quale furono inseriti. Sono pure lasciate sotto silenzio varie investigazioni da esso fatte per ordine dei tribunali in rapporto ad avvelenamenti; e particolar menzione merita il lavoro sui vini esteri. Vedi l'elenco al N° LX.
(9) Nel giorno 7 maggio 1849 fu sospeso dall'insegnamento; nel 9 novembre dell'anno medesimo venne definitivamente destituito. Fino

dal petto quell' onorificenza (1), che gli incontestabili meriti suoi procurato gli aveano . . . . ma più non era per noi segno d' onore quello che il petto dei nostri carnefici decorava. Lamentando sempre il destino che allora percosse il Taddei, veneriamo i decreti della Provvidenza, e plaudiamo all' anno 1849, perocchè da quello derivasse il memorando giorno, che ci fece Italiani — Il trovarsi costretto all' inazione, dopo 29 anni di vita trascorsa nello insegnare, arrecava all' animo suo grave afflizione, non temperata da una parola di conforto, che partisse da chi gettato lo avea nella vita politica (2); e per quanto arrecasse sollievo all' abbattuto animo suo la onorificenza di sentirsi aggregato alla più illustre società scientifica italiana, la Società dei Quaranta, che allora lo designava suo socio, aumentando il numero di quelle tante Società italiane e straniere, che ascritto lo aveano al loro sodalizio (3), pure quelle nuove

da quando pubblicato aveva il libro sul glutine, come antidoto del sublimato corrosivo, gli fu accordata una pensione annua di Scudi toscani 25. Questa pure gli venne tolta senza altro diritto oltre quello di una iniqua prepotenza, e di una sistematica ingiustizia. Giova pure qui ricordare come con rescritto del 12 dicembre 1822 fosse nominato membro—esaminatore nel Collegio Medico Fiorentino, e con altro rescritto del 22 ottobre 1833 membro esaminatore nella sezione Medica del suddetto Collegio. Il Decreto di destituzione dall' insegnamento non implicava la remozione dal Collegio Medico, pure in forza di quel decreto si volle allontanato dal dotto consesso. Nel maggio 1859 con decreto del Commissario Straordinario Cav. Buon-Compagni, fu ripristinato in tutti i suoi onori ed onorarj. In seguito al qual decreto il Municipio di S. Miniato inviava al prefato Commissario per mezzo di una deputazione, composta del Gonfaloniere Avv. Enrico Majoli, Prop. Cav. Giuseppe Conti, e Cav Leopoldo Bertacchi, un indirizzo per ringraziare S. E. della giustizia usata verso l' illustre nostro Concittadino. Eguale indirizzo fu pure presentato a S. E. il Marchese Cosimo Ridolfi ministro dell' istruzione pubblica.

(1) Era stato decorato, nel 2 decembre 1845, con la Croce di S. Giuseppe.

(2) Il solo che a Lui inviasse lettere, e sincere proteste di affetto fu il Cav. Prop. Prof. Giuseppe Conti. E nel 1856 il Prof. Augusto Conti pubblicando coi tipi Le-Monnier il primo volume delle opere dell' altro nostro concittadino Prof. Pietro Bagnoli, la dedicava al Taddei ed al Conti, offrendo così ad ambedue argomento di altissima stima, e di affetto.

(3) Vedi l' Elenco delle Società Scientifiche, e Letterarie alle quali era ascritto il Taddei.

condizioni di vita potentemente influirono sulla sua salute, già fatta fievole dei lunghi studi, e dal diuturno soggiorno nel laboratorio.

Ma se la reazione tutto tolse al Taddei, non valse già a togliergli la mente, che questa è dono di Dio, nè i tiranni stender vi ponno la rapace mano. Non appena si seppe il Taddei strappato all'insegnamento, che un' eletta schiera di giovani, e di egregi cittadini Fiorentini si fecero a pregarlo d'intraprendere fra le domestiche mura un corso di lezioni di Chimica; al quale cortese e lusinghiero invito, che al tempo stesso era gravissima protesta contro l'operato dalla fazione, che le nostre sorti reggeva, non poteva ricusarsi il Taddei. — Tale il motivo delle Lezioni Orali di *Chimica Generale* (1), opera stupenda che tutto raccoglie quanto la scienza possiede fino al 1857; e « nella quale se non gli fu dato di far nuovi
« passi in quel sentiero da lui tante volte sì onorevolmente battuto,
« vi si trovano però a larga mano quei saggi confronti, e quella
« severa critica, la quale serve tanto mirabilmente non solo a ri-
« schiarare e decidere lo spirito delle varie parti della scienza an-
« cor controverse, ma eziandio a dischiudergli la via a quei sublimi
« concetti, che in seguito fecondati, producono quelle eterne vicende
« perfezionatrici di ogni umano sapere (2) ». In queste sue lezioni non solamente il chimico, ed il medico negli studj terapeutici ed igienici, e nelle disquisizioni forensi, ma l'economia pubblica, e privata, le arti, l'agraria trovano i materiali del loro perfezionamento; e certo si è in quelle raggiunto lo intento che l'Autore in queste umili parole esprimeva: « io mi chiamerei fortunato, qualora
« riuscendo ad insinuare il gusto per le chimiche discipline in ogni
« ceto di persone, potessi far sì che venisse molto più estesamente
« coltivato e diffuso questo ramo di filosofici studj, senza il quale
« reputo non possa darsi vera, e completa scientifica educazione (3) ».

Per quanto affaticati si fossero i suoi nemici a deprimere quell'illustre vecchio, pure fu forza invocarne l'ajuto, allorachè si vide la necessità di rinnuovare, e portare al corrente della scienza i metodi di affineria usati alla zecca di Firenze, ed evitare quella conti-

---

(1) Vedi l'elenco delle opere al N° LVIII.
(2) Parole ai *Lettori* dei compilatori delle Lezioni Orali ec.
(3) Idem.

nua dispersione di metallo prezioso inseparabile dall'antica maniera di depurazione. Nel 1853 il Taddei ebbe lo incarico di studiare i metodi di partizione ed affinazione dei metalli preziosi, che si praticavano alla Zecca per quindi referire se questi fossero quali la scienza esigeva, e di quali modificazioni, ed innovazioni abbisognassero. Presentato il progetto, ne fu affidata a Lui l'attuazione; e tanta fu la solerzia, l'assiduità, lo scrupolo portato in questo nuovo ufficio, che malgrado la volontà di chi le interne cose reggeva, nel 1858 fu nominato Direttore dei lavori d'affineria, e consultore chimico nella Zecca di Firenze.

L'ordine dei tempi mi chiama ad altro importantissimo subietto, maestrevolmente trattato dal nostro Presidente — intendo parlare dell'Idrologia di Firenze.

Trascorso era un secolo da che il celebre Antonio Cocchi, onore della Scuola Fiorentina, aveva inalzato lamento delle tristi qualità dell'acqua, che serve ad abbeverare la popolazione di Firenze — più tardi altri si levarono, e la loro voce unirono a quella del Mugellano: ed il Taddei pure nel 1855 elevava eguali doglianze in seno dell'Ateneo Italiano (1), e proponeva la introduzione in Firenze dell'acqua dell'Arno, presa dalla parte superiore alla città, siccome quella, che in confronto dell'altra di cui servivasi la popolazione, ne era di gran lunga superiore per ogni maniera di chimica qualità. La voce di tanti dotti scosse finalmente i cittadini, e fu mosso il progetto di portare a Firenze le acque della Sieve, prese sotto Monte Bonello, a piccola distanza dalla pescaja di legno del molino della Rufina. Prima però di avanzarsi nello studio del progetto il Municipio Fiorentino volle che il Taddei eseguisse l'analisi delle acque di Firenze, e comparativamente di quella della Sieve. Questo onorevolissimo ufficio fu la cagione che egli scrivesse la *Idrologia di Firenze* (2); nella quale opera considerate vengono chimicamente le acque tutte della città sì per la loro qualità in rapporto all'igiene privata, ed alle arti, come per la loro quantità in rapporto alla igiene pubblica — alle cui necessità, siccome ben si

---

(1) Vedi l'elenco delle opere al N° LXI.
(2) Vedi come sopra al N° LXII.

dimostra, sono lungi dal soddisfare le acque cumulate dei pozzi particolari, dei pozzi artesiani, e delle pubbliche fonti; mentrechè la Sieve ministrerebbe in dovizia ottima qualità d'acqua. Non possiamo che far voti per vedere attuato tanto salutare progetto.

Sono questi gli ultimi anni della vita di sì operoso scienziato. Sembra che il suo genio, quasi gli fossero dal lungo studio affievolite le ali per spingersi nelle più sublimi regioni della filosofia della scienza, piegasse alla parte meccanica, ed ai lavori di somma pazienza, propagando pur sempre splendide ed utili innovazioni.

Fra queste primeggia il nuovo reattivo per rinvenire le minime particelle dei composti di rame disciolti in un liquido qualunque. Possedeva la chimica nel ferro-cianuro di potassio un potente reattivo per i composti cuprici; pure quello proposto dal Taddei merita la preferenza per molte particolarità, in special modo perchè altro non essendo che l'acido stearico, puossi impiegare nello stesso stato in cui trovasi nelle così dette candele steariche. Non mi è qui permesso trattenermi sopra questo punto di chimica popolare, che tanto interessa la privata igiene, e la medicina forense, ed altro fare non posso, che caldamente raccomandare questo prezioso opuscolo, che tanta pazienza d'osservazioni deve essere costato all'illustre autore, ai direttori di spedali, d'ospizi di mendicità, di stabilimenti penitenziarj, di convitti, o di licei d'educazione, ed in una parola a tutti i capi di famiglia, perocchè sarà loro facile vedere il pericolo dei vasi di rame negli usi culinarj, e quanto fallace sia la sicurtà, che posa sulla stagnatura dei medesimi (1).

Erano comuni fra i chimici i lamenti per gl'inconvenienti inseparabili dalle filtrazioni praticate con la carta bibula. Il Taddei dopo aver per lungo tempo meditato sul modo di redimere la filtrazione dalla schiavitù di dure e intricate condizioni in cui ponevala la carta, finalmente vi pervenne; e con dotta memoria che inviava alla Società dei Quaranta (2), propose la filtraziene a lucignolo, che tosto dalla maggior parte dei Chimici venne messa in pratica. Il Prof. Viale

---

(1) Vedi come sopra al N° LXVIII. il Prof. Cav. G. Lorenzo Cantù dava un bell'estratto di questa opera nel Giornale delle Scienze Mediche della Reale Accademia Medico-Chirurgica di Torino, Fascicolo 8 del 1860.

(2) Vedi come sopra ai N^i LXIX e LXX.

di Roma parlando di questo nuovo modo di filtrazione, conchiudeva il suo dire « il chimico troverà, nel modo di filtrare alla Taddei, « come sopperire a tutte le esigenze della scienza: egli vi rispar-« mierà tempo e materia, e sarà prosciolto da far calcoli di ridu-« zione; le resultanze dei quali non sono spesso che una espressione « approssimativa del vero (1) ».

Pregievolissimo è pure il suo sifone a pozzetto, perchè superiore nel modo d'azione ad ogni altro fino a noi adottato; e perchè si presta ad infiniti usi ai quali le altre maniere si recusano. Ne trae utile la economia domestica per separare olio, aceto ed altro dai respettivi loro sedimenti; l'economia rurale per estrarre vino dalle botti, olio dalle orciaje; le arti industriali in tutte le operazioni di decantazione, e segnatamente nelle fabbriche d'amido, di zucchero artificiale, di liquidi alcoolici da fermentarsi, l'idraulica finalmente pel prosciugamento di un tratto di fiume (2).

Non pago egli di tanti utili ritrovati, pria di chiuder gli occhi allo splendore di questo bel cielo, volle dare all'umanità languente un'ultimo argomento dell'amore che le portava, quasi che poco avesse per lei fino allora operato. Immaginò egli una maniera di letto pensile per mutare i malati percossi da pericoloso morbo, senza niun loro disagio, e senza toglierli della posizione orizzontale. Questo suo apparecchio fu esperimentato nelle infermerie dell'Arcispedale di S. Maria Nuova per ordine di S. E. il Baron Ricasoli, tanto dell'Italia nostra benemerito; e dopo la morte del suo inventore fu attivato pel servizio degli infermi.

Questi, o Signori, gli studj, i ritrovamenti questi dell'uomo di cui amaramente sentiamo la perdita.

E quale ne ebbe guiderdone su questa terra? L'amore della famiglia, del popolo, e di quel Principe che tiene in sua mano il cuore di ogni buono italiano, che possiamo con orgoglio chiamare nostro Re, e che con la mano sull'elsa sta meditando il grande pensiero dell'Alighieri e del Burlamacchi. Vittorio Emanuele che già deco-

---

(1) Corrispondenza scientifica in Roma per l'avanzamento delle scienze, Anno XII, Vol. VI, N° 24.

(2) Vedi il giornale Lo Spettatore N° 44. E gli Atti della Società di Arti e Manifatture.

rato ne avea il petto d'insigne onoranza (1), volle dare alla scienza operosa altro argomento di stima e di onore elevando il Taddei al grado di Senatore del nuovo regno italiano, di cui l'illustre chimico sperava vedere compiute le sorti.

Ma la scienza pure vuole i suoi martiri; e la chimica l'ebbe in Gioacchino Taddei. Gli studj continui e l'aria del laboratorio aveano logorata quella vita preziosa; da molto tempo pugnava contro gli sforzi di tristo insidioso morbo — ma quasi sembrava domato l'ultimo imperversare di quello — già arrideva speranza di miglior salute — il misero infermo tornava a vagheggiare il pensiero di assidersi nel gran Senato Italiano — quando improvvisa emottise poneva fine ai suoi giorni — i primi raggi del sole del 29 maggio 1860 erano l'ultimo addio che natura inviava a quell'anima, che con tanto acume ne avea indagati i segreti.

Gioacchino Taddei fu adusto di persona, che i patimenti dell'animo, le infermità del corpo, lo studio, più che gli anni incurvarono; alta ebbe la fronte e spaziosa; vivi gli occhi, ma avvolti ognora nella meditazione; dolce il sorriso, che la bontà dell'animo rivelava; facile e puro lo eloquio, che l'austerità delle chimiche dottrine seppe ognora vestire di eleganti forme, e piacevoli.

Della famiglia, del popolo, della patria amantissimo fu da tutti con eguale affetto riamato — l'adulazione, il raggiro, la superbia non contaminarono giammai il suo cuore — non invidioso di alcuno, a coloro che alla poca scienza tentano supplire con la maschera dell'impostura fu oggetto d'invidia, ai veri scienziati di ammirazione; amante degli uomini e della scienza venerò i grandi maestri (2), e quando Alemagna e Francia non ebbero un fiore per la tomba dello Svedese Berzelius egli ne proclamava le lodi (3). — Tale fu Gioacchino Taddei.

Noi porteremo sempre impressa nell'animo la memoria del perduto fratello; la patria erigerà un monumento sulle ceneri dell'uomo celebre; ed a piè di quel marmo andranno i nostri figli ad ispirarsi all'amore della scienza, e dell'umanità.

(1) L'ordine di S. Maurizio conferitogli il 14 Aprile 1847.
(2) Vedi l'elenco delle Opere al N° L.
(3) Vedi come sopra al N° XLIX.

Elenco delle Opere del Prof. Cav. Senatore GIOACCHINO TADDEI.

I. Nota sul ritrovamento della calce caustica nella pozza di S. Gouda. (*Philosophical Transactions*, of London 1816.)
II. Discorso sull'albumina vegetabile, o sulla materia vegeto–animale dei semi cereali, e dei legumi. (*Giornale di Fisica, Chimica ec.*, Pavia, Decade I, Tomo I, Bimestre 5°.)
III. Dei precipitati ottenuti per l'azione degli idrosolfati alcalini sui nitrati di mercurio. (*Giornale di Fisica, Chimica ec.*, Pavia, Decade I, Anno 1821, et *Journal de Pharmacie* de Paris 1821.)
IV. Ricerche sul glutine di frumento, sullo zimoma e sulla glojodina. (*Atti dei Georgofili*, Anno 1819, e *Giornale di Fisica e Chimica*, Pavia, Decade I, Tomo I.)
V. Dell'azione chimica di varie sostanze vegetabili sulle farine di frumento. (*Atti dei Georgofili*, Anno 1819.)
VI. Sopra un nuovo antitodo pel sublimato corrosivo. Firenze stamperia Magheri 1820.
VII. Su di un nuovo processo di preparazione dell'etiope minerale. (*Giornale di Fisica Chimica ec.*, Pavia Decade I, Tom. VI, An. 1823.)
VIII. Sulla volubilità della materia colorante dell'uva, e sull'uso di essa come reagente. (Giornale di Pavia, 1824.)
IX. Su di un nuovo processo di preparazione dell'joduro di potassio. (*Giornale di Fisica e Chimica*, Pavia, Decade I, Tomo V, Anno 1823.)
X. Memoria sugli ingrassi. (*Atti dei Georgofili*, Firenze, Anno 1823.)
XI. Memoria sull'joduro di carbonio. (*Giornale di Fisica e Chimica* di Pavia, Decade I, Domo VI, Anno 1823.)
XII. Memoria con tavole sull'apparato di Woolf reso perpetuo. (*Giornale di Fisica e Chimica*, Pavia, Decade I, Tomo VI, Bimestre 6°, An. 1823.)
XIII. Delle modificazioni che insorgono nella farina di frumento impastata con altre sostanze vegetabili (*Giornale di Fisica e Chimica*, Pavia, Decade I, Tomo I.)
XIV. Sistema di Stechiometria chimica, o Teoria delle proporzioni determinate. Firenze, Stamperia Pagani, 1824.
XV. Rapporto della deputazione ordinaria sugli aratri–coltri presentati al concorso dell'anno 1824. (*Atti dei Georgofili*, Firenze 1827.)
XVI. Memoria sul gas estratto dai semi oleosi per illuminare grandi stabilimenti. (*Atti dei Georgofili*. Firenze 1825.)
XVII. Memoria sulla sinonimia dei terreni. (*Atti dei Georgofili*, Firenze, Anno 1825.)
XVIII. Memoria sulla naturalizzazione dei lama, degli alpacos, e delle vigogne nei climi d'Europa. (*Atti dei Georgofili*, Firenze, 1827.)
XIX. Farmacopea Generale sulle basi della Chimica farmocologica, Vol. IV, Firenze, Tipografia Pezzati, Anno 1826-1828, ristampata con aggiunta nel 1838.

XX. Memoria sulla preparazione ed uso degli ingrassi, premiata dall'Accademia dei Georgofili. (*Atti dei Georgofili*, Firenze, 1828.)

XXI. Memoria sull'estrazione, purificazione ed uso dell'aceto di legno. (*Atti dei Georgofili*, 1824.)

XXII. Della malattia per la quale i vini divengono filanti. (*Atti dei Georgofili*, 1830.)

XXIII. Memoria sulla brina del 1° maggio 1829, con rapporto onorevole per l'Autore fatto da una commissione di scienziati. (*Atti dei Georgofili*, 1831.)

XXIV. Memoria sui combustibili considerati sotto il doppio rapporto delle loro qualità fisico-chimiche, e dell'economia. (*Atti dei Georgofili*, 1831.)

XXV. Memoria sul calore, che ha per oggetto le principali indagini per le quali i cammini versano fumo nelle stanze, e dei mezzi o rimedi atti a riparare a siffatto inconveniente. (*Atti dei Georgofili*, 1832.)

XXVI. Memoria sopra l'utile applicazione del calorico specifico e latente del vapore acquoso come mezzo calefacente. (*Atti dei Georgofili*, 1833.)

XXVII. Lettere al Prof. Ferdinando Zannetti avente per titolo: quale idea debba il popolo farsi del cholera morbus, e quali mezzi impiegare per garantirsene. (Firenze, Tipografia Pezzati, 1835).

XXVIII. Repert. dei veleni e contravveleni, V. 2, Firenze, Tip. Pezzati 1835.

XXIX. Sulla preservazione del ferro, Esperienze fatte dal Prof. Taddei, e comunicate alla Sezione di Agraria e Tecnologia del 1° Congresso Scientifico Italiano dal Presidente della Sezione med. Marchese Cosimo Ridolfi. (Atti del 1° Congresso, Tip. Nistri, Pisa, 1840, pag. 307.)

XXX. Memoria sulle reazioni dell'ossido di rame idrato nello zucchero di latte, di uva, e di canna. (Firenze, Tipografia Pezzati, 1822.)

XXXI. Memoria sulla ematosina facente ufficio di acido (acido emaplastico) inserita nella *Gazzetta Medica Toscana*, Anno I, 1843, N° 3.

XXXII. Sulla dipendenza degli animali dai vegetabili. (*Atti dei Georgofili*, Vol. XXI, Anno 1843.)

XXXIII. Modificazioni indotte nella pila voltaica per gli usi terapeutici nelli Spedali. (*Gazz. Tosc. delle Scienze Med.-fisiche*, Anno I, 1843, N° I.)

XXXIV. Memoria intorno ad un bicchiere idrostatico per determinare in un modo facile e spedito il peso specifico dei corpi solidi. (*Gazzetta Toscana delle Scienze Medico-fisiche*, Anno I, 1843.

XXXV. Lettera al Principe L. Buonaparte, portante per titolo, Su di alcuni artifizi immaginati, e tentati onde render facile e spedita la ricerca delle minime quantità di varj composti metallici entro un qualche liquido. (*Gazzetta* come sopra, A. I, 1847.)

XXXVI. Memoria sugli uffici dell'humus, o terriccio nella vegetazione. (*Atti dei Georgofoli*, 1843.)

XXXVII. Saggio di Ematolloscopia, Firenze, Tipografia Piatti, 1844.

XXXVIII. Memoria sulle emanazioni palustri; e su i miasmi. (*Gazzetta Toscana delle Scienze Medico-fisiche*, Anno II, 1844.)

XXXIX. Memoria intorno alle reazioni dell'ossido di rame idrato sulle materie organiche azotate in presenza degli alcali caustici. (*Giornale* il *Cimento di Fisica e Chimica*, Pisa, A. I, 1844, marzo e aprile, e *Gazzetta delle Scienze Medico Fisiche*, Anno I, 1844, N° 3.)

XL. Memoria sul color rosso del sangue. (*Gazzetta Toscana delle Scienze Medico-Fisiche*, Anno I, 1844, N° 17).

XLI. Memoria sulla possibilità di rendere commestibili ed alibili le lane, le piume, i capelli, i peli, ed altre sostanze cornee; ossia ricerche sulla proteina di tali materie (*Annali di Chimica* di G. Polli, Milano, Novembre 1845)

XLII. Memoria sul pieno e sul vuoto delle ossa, letta alla sezione di zoologia del congresso di Milano. (*Atti di questo Congresso*, pag. 421.)

XLIII. Sulla necessità della materia inorganica negli organismi si vegetabili che animali. (Prelezione al corso di Chimica organica e Fisica medica, per l'anno 1846, inserite nella *Gazzetta Toscana di Scienze Medico-fisiche*, Firenze 1846).

XLIV. Sulla graduata decomposizione dell'acetato neutro di piombo operata per mezzo della potassa. (Firenze, Tipografia Piatti, 1848, e Raccolta di Fisica e Chimica dell'opere italiane del Prof. Zantedeschi Venezia 1847.)

XLV. Memoria sull'ufficio delle materie inorganiche nei corpi organici viventi, letta alla sezione di Chimica nel Congresso di Genova. (*Atti del Congresso di Genova*, pag. 355, *Annali di Chimica* di G. Polli, Milano, Vol. IV, gennaio 1847.)

XLVI. Particola relativa alle acque dei pozzi artesiani forati in Venezia. (*Giornale la Patria*, ottobre 1847. Raccolta di Fisica-Chimica italiana Volume III, fasc. 26, Venezia 1848

XLVII. Su di un nuovo metodo di separare l'acido urico dalle orine, e da altri liquidi (Lettera al Prof. Bartolommeo Bizio inserita nella Raccolta Fisico-Chimica italiana, Vol. III, fasc. 31. Venezia 1848.)

XLVIII. Rapporto sulla memoria del Cav. Conte Campi intorno ad alcune sue ricerche sul modo d'impedire la forma globulare nell'acqua delle caldaje di macchine a vapore. (*Atti dei Georgofili*, Firenze, Anno 1847.)

XLIX. Su i servigi resi alla Chimica da Berzelius. Prelezione al corso di Chimica generale e di Fisica medica dell'anno 1847-48, inserita nella *Gazzetta Toscana di Scienze medico-fisiche*, Anno VI, 1848, N° 1.

L. Biografia del Cav. Prof. Giuseppe Gazzeri, nel giornale la Patria, Anno I, N° 5, 20 luglio 1847.

LI. Ricerca delle cause per le quali nei terreni dei suburbj di Firenze riesce proficuo un sistema di avvicendamento agrario, che in altri terreni d'identica natura è riprovato dalla pratica. (*Atti dei Georgofili*, Firenze, 1848.)

LII. Manuale di chimica organica e Fisica Medica. Pei torchi della Società tipografica, Firenze 1845.

LIII. Cenni sulle acque potabili di Venezia. (*Progresso, Giornale di Scienze Mediche*, Anno I, 1848.)

LIV. Su di un brodo di carne avvelenato. (Id.)

LV. Ricerche sulla pietra infernale. (Id., Anno III, 1850.)
LVI. Sopra un nuovo fonte di alimentazione delle piante. (*Atti dei Georgofili*, Firenze 1850.)
LVII. Sull'aumento di popolazione considerato in rapporto alla materia organica che può essere utilizzata dagli organismi vegetabili ed animali.
LVIII. Lezioni orali di Chimica generale, V. 7, Firenze, Tip. Cecchi, 1850-57.
LIX. Analisi dell'acqua mefitico-alcalina di Collalli, Firenze, Piatti 1853.
LX. Concetto nel quale debbono essere ritenuti i vini esteri, Firenze, Tip. Bencini, 1856.
LXI. Sul modo di provvedere la popolazione di Firenze di acqua potabile migliore ec. (*Eco d'Europa*, N° 33) letta nell'Ateneo italiano il 17 giugno 1845.
LXII. Idrologia di Firenze, Firenze, Tip. Le Monnier, 1858.
LXIII. Analisi dell'acqua minerale di Lujano, Firenze, Tip. Galletti, 1857.
LXIV. Idrologia della sorgente del Rio di Chitignano, Firenze, Tip. Mariani 1858.
LXV. Analisi chimica dell'acqua salso-alcalina della Banditella, Firenze, Tip. Baracchi, 1854.
LXVI. Sull'ozono, Firenze, Tipografia Bencini, 1856.
LXVII. Sul modo di rendere ai medici più familiare il maneggio dei mezzi terapeutici. (*Lo Sperimentale*, Anno XI, Serie IV, Tom. III, Fascicolo 4°.)
LXVIII. Ricerche sul Rame. (Firenze Giornale il *Tempo*, Anno II, Fascicolo III e V, marzo e maggio, 1859.)
LXIX. Sopra un nuovo metodo di filtrazione da surrogarsi con vantaggio a quello comune praticato colla carta, inserito negli Atti della Società Italiana dei Quaranta, Modena, 1859.
LXX. Del modo di evitare gli inconvenienti ed i vizi che tengono dietro alla filtrazione mediante la carta ec., Firenze, letto alla Società di Arti e Manifatture.
LXXI. Sui letami, Memoria letta all'Accademia dei Georgofili, nell'adunanza del 14 agosto 1859. (*Atti dei Georgofili*, Nuova Serie, Vol. VI. Disp. 3ª e 4ª).
LXXII. Sui letami, Memoria seconda letta nell'adunanza dei Georgofili, del dì 15 gennaio 1860. (*Atti dei Georgofili*, Nuova Serie, Vol. VII, Dispensa 1ª).

Elenco delle Accademie Italiane e Straniere alle quali apparteneva il Prof. Cav. GIOACCHINO TADDEI.

1ª L'Accademia economico-agraria dei Georgofili. (7 marzo 1846.)
2ª Accademia delle belle arti di Firenze. (23 giugno 1846.)
3ª Accademia Labronica. (17 febbraio 1848.)
4ª Società Linneana di Parigi. (20 decembre 1821.)
5ª Società di Farmacia di Parigi. (15 gennaio 1822.)

6ª Società Filomatica di Parigi. (23 febbraio 1822.)
7ª Società di Fisica e Storia naturale di Ginevra. (1 agosto 1822.)
8ª Accademia degli Euteleti di San Miniato. (3 Agosto 1823.)
9ª La R. Accademia Pistojese di Scienze, Lettere e Arti. (20 marzo 1824.)
10ª Accademia dei Fisio-critici di Siena. (30 aprile 1825.)
11ª Società Toscana di Geografia, Statistica, Storia Naturale Patria. (16 maggio 1825.)
12ª Società medica di Livorno. (18 magigo 1826.)
13ª Società Medico-Fisica Fiorentina. (22 maggio 1826.)
14ª R. Società di Agricoltura di Torino. (4 decembre 1826.)
15ª R. Accademia di belle arti e belle lettere di Lucca. (25 gennaio 1827.)
16ª Accademia di Lettere, Scienze e Arti della Valle Tiberina. (24 novembre 1831.)
17ª Accademia delle scienze dell'istituto di Bologna. (3 gennaio 1833.)
18ª Accademia dei Linnei di Roma. (28 luglio 1833.)
19ª Società di Scienze Fisiche, Chimiche e industriali di ■rancia. (20 decembre 1834.)
20ª R. Accademia delle Scienze di Torino. (1 giugno 1834.)
21ª Società Hunteriana di Londra. (12 febbraio 1837.)
22ª Società delle Scienze naturali di Bruxelles (12 aprile 1839.)
23ª Società economica agraria di Perugia. (16 aprile 1840.)
24ª Accademia Medico-chirurgica di Ferrara. (1 decembre 1841.)
25ª Società di Farmacia e Tecnologia del Palatinato di Baviera, Kaysluck. (1 novembre 1842.)
26ª Circolo Medico-chimico-farmaceutico di Liegi. (8 giugno 1842.)
27ª Accademia degli Incamminati di Modigliana (17 novembre 1842)
28ª Accademia Medico-farmaceutica di Corfù. (11 maggio, 1843.)
29ª Accademia dei Filomati di Lucca (29 maggio 1845.)
30ª Società Fisico-Medico-Statistica di Milano. (18 ottobre 1845.)
31ª Accademia Scientifico-letteraria Pitiglianese. (20 novembre 1845)
32ª Accademia Scientifico-letteraria dei Concordi in Rovigo. (4 Luglio 1846.)
33ª Società economica di Chiavari. (6 ottobre 1846.)
34ª R. Accademia Medico-Chirurgica di Torino. (8 agosto 1847.)
35ª Società italiana delle Scienze residente in Modena, ossia dei Quaranta. (18 ottobre 1849.)
36ª Accademia Romana dei nuovi Lincei. (1 gennaio 1850.)
37ª Società di Farmacia (Stati Sardi) (31 ottobre 1853)
38ª Ateneo Italiano residente in Firenze. (15 luglio 1854.)
39ª Società di Agricoltura della Città e Provincia di Reggio. (27 maggio 1856.)
40ª Società Colombaria Fiorentina. (26 luglio 1856.)
41ª Istituto Lombardo di Scienze, Lettere e Arti. (12 agosto 1856.)
42ª Accademia dei Quiriti. (20 ottobre 1858.)

Printed by Libri Plureos GmbH in Hamburg,
Germany